Αίλουρος

Дмитрий Данилов

СЕРОЕ НЕБО

Ailuros Publishing
New York
2017

ISBN 978-1-938781-50-6

Редактор, фотограф обложки: Елена Сунцова.
Подписано в печать 4 июля 2017 года.

Gray Sky
Poems by Dmitriy Danilov
Ailuros Publishing, New York, USA
www.elenasuntsova.com

ISBN 978-1-938781-50-6

Девушка с черными волосами

Видел однажды
На Ютюбе
Как играет
Как исполняет музыку
Оркестр
Русских народных инструментов
Молодые ребята
Вбегают в зал
В масках
В черных масках
Тут же сбрасывают их
И начинают играть

Зал такой, знаете
Областной
Зал областной филармонии
Или еще чего-то такого
Областного
Народу мало
Сидят в первых рядах
В основном, молодежь
Оркестранты в масках
Вбегают в зал
Рассаживаются на сцене
Молодой дирижер
С ироничным лицом
Занимает свое место
Нет, не за пультом
Пульта нет
А просто перед оркестром
И они начинают
Они начинают
Просто унылую, привычную
Народную песню
Такую же песню
Пел Хвостенко

Выройте скорее мне могилку
Положите рядом нож и вилку

Спать я буду на опилках
Ох, червей давить затылком

И вот эти ребята
Не поют, нет
Они играют
Эту песню
И потом они постепенно
Начинают играть
Песню группы
Rammstein
Они играют, играют
И играют
И кивают, трясут головами

И девушка с черными волосами
Играющая на чем-то
Типа мандолины
Отчаянно трясет
Своими красивыми
Черными волосами
И в этом, знаете, что-то есть

Они прекращают играть
Свою русскую народную
Музыку
И преображаются
Им становится
Интересно играть
Глаза начинают гореть
Движения становятся живыми
И лица приобретают
Даже трудно сказать что
Что-то они приобретают

Музыка несется над пространством
Зрители тоже начинают
Офигевать
В хорошем смысле

И девушка с черными волосами
Играющая на чем-то
Типа мандолины

Отчаянно трясет
Своими красивыми
Черными волосами
И в этом, знаете, что-то есть

Они там
Играют много разных тем
Лица их расцветают
Они переполнены вдохновением
Видно, что им нравится
Играть Rammstein
А не унылую
Эту всю
Эту самую
Народную музыку

И девушка с черными волосами
Играющая на чем-то
Типа мандолины
Отчаянно трясет
Своими красивыми
Черными волосами
И в этом, знаете, что-то есть

Зрители в зале
Тоже подключаются
Ко всему этому
Они тоже трясут
Своими головами
Они улыбаются
Смеются
Изображают ритм
Им нравится
Видно, что им
Нравится
И образуется
Так называемое единение
Музыкантов и слушателей

И девушка с черными волосами
Играющая на чем-то
Типа мандолины

Отчаянно трясет
Своими красивыми
Черными волосами
И в этом, знаете, что-то есть

Зрители уже практически
Впали в экстаз
Все в полном восторге
Всем, кажется
Очень понравилось
Это странное произведение
Хотя, что в нем странного
Просто исполнение
Песни немецкой группы
Rammstein
Оркестром русских
Народных инструментов
Но русским людям
Нравятся немецкие песни
Нравится группа Rammstein
И, наверное, это хорошо

Музыка заканчивается
Зрители аплодируют
Всем понравилось
Это ведь прикольно
Когда оркестр
Русских народных инструментов
Сыграл песню
Немецкой группы Rammstein

И все запомнили
Как красивая девушка
С черными волосами
Играла на мандолине
Или на другом, похожем
Музыкальном инструменте
И как она
Отчаянно трясла
Своими красивыми
Черными волосами
И в этом, знаете, что-то было.

Самолет

Какая неприятная вещь самолет
Источник беспокойства
Я не аэрофоб
Мне нравятся самолеты
Но аэрофобы
Рассказывают
Что просто ужас
Это просто ужас

Говорят нам
Сказано нам
Возлюбите врагов своих
Как же это трудно
Возлюбить врагов своих

Как он неприятно взлетает
Нет, мне лично нравится
Но аэрофобы рассказывают
Какой это ужас
Как это страшно
Отрыв от Земли
Эти все маневры ужасные
Резкий крен вправо
А потом
Резкий крен влево
И набор высоты

Говорят нам
Сказано нам
Возлюбите врагов своих
Как же это трудно
Возлюбить врагов своих

Потом, конечно, ничего
Самолет набрал высоту
Все стало нормально
Раньше давали
Алкоголь
На борту давали алкоголь
А сейчас не дают

Считается, что и так
Как-нибудь
Как-нибудь, ничего

Говорят нам
Сказано нам
Возлюбите врагов своих
Как же это трудно
Возлюбить врагов своих

И в общем, люди летят
Ничего, нормально
Орут дети
Кто-то читает электронную книгу
Кто-то заигрывает
С симпатичной соседкой
Кто-то безуспешно
Пытается спать

Говорят нам
Сказано нам
Возлюбите врагов своих
Как же это трудно
Возлюбить врагов своих

И вдруг — раз!
И все заканчивается
Заканчивается полет
Заканчивается страх перед полетом
Заканчивается заигрывание
С симпатичной соседкой
И противный детский ор
Тоже заканчивается
Все вообще заканчивается
Происходит взрыв
Это мы так легко говорим
Происходит взрыв
Но мы никогда не узнаем
Как это так
Происходит взрыв

Говорят нам
Сказано нам
Возлюбите врагов своих
Как же это трудно
Возлюбить врагов своих

Мы никогда не узнаем
Что это такое
Происходит взрыв
Мы никогда не узнаем
Погибают ли пассажиры
В ту же секунду
Или они как-то еще
Дополнительно мучаются
Это непонятно
Принято считать
Что они все разом
В одну секунду погибают
И всё

Говорят нам
Сказано нам
Возлюбите врагов своих
Как же это трудно
Возлюбить врагов своих

И всё
Раз — и умерли все
Безболезненно
И непостыдно
Но мы этого не знаем
Может быть
Там был
Холодный, страшный ужас
Осознание того
Что вот, пришла погибель
Какой-то может был зазор
И ребенок перестал орать
И человек
Который заигрывал
С симпатичной соседкой
Сказал что-то такое

Ну например
Мы сейчас все умрем
И я рад
Что познакомился
С Вами
Я сказал Вам
Кучу разных пошлостей
Но не сердитесь на меня
Мы сейчас все погибнем
Ну и ладно

Говорят нам
Сказано нам
Возлюбите врагов своих
Как же это трудно
Возлюбить врагов своих

Но, скорее всего
Ничего такого не было
Никаких разговоров
Никакого осознания
Просто взрыв
И все тут же
Разом
Просто умерли
Погибли
Не успев ничего подумать
Осознать
Почувствовать
Пил шампанское — и погиб
Говорил с симпатичной соседкой
И погиб
Успокаивала орущего ребенка
И погибла
Все погибли
Просто разом
Ничего не поняв
Не почувствовав
Не успев даже помолиться
Кому надо

Говорят нам
Сказано нам
Возлюбите врагов своих
Как же это трудно
Возлюбить врагов своих

И всё
Это мы потом
Рассуждаем
Что там случилось
Теракт это
Или техническая неисправность
Ох, рассуждаем мы
Самолет-то был старый
И, наверное
Просто развалился в воздухе
А другие говорят
Нет, это же был борт
Министерства Обороны
И там должно быть
Все нормально
Нормально, нормально

Говорят нам
Сказано нам
Возлюбите врагов своих
Как же это трудно
Возлюбить врагов своих

Но это всё разговоры
Потому что мы никогда не узнаем
Что это такое
Как это
Как это вообще возможно
Самолет летит
Бодро набирает высоту
И вдруг взрывается
Как это — мы не знаем
Что чувствуют люди
Летящие в самолете
Который взрывается
В воздухе

И самое ужасное
Что мы никогда
Этого не узнаем
Не узнаем, как это
Что происходит во время взрыва
Что происходит потом
Как это — мгновенный переход
В небытие
Или, наоборот
В чистое, полное Бытие
Непонятно
Мы этого не узнаем
Или узнаем
Но не хотелось бы
Это узнать

Говорят нам
Сказано нам
Возлюбите врагов своих
Как же это трудно
Возлюбить врагов своих

А так, вообще
Самолеты
Прекрасны
Прекрасная вещь — самолет
Лучшее, что создано человеком
Как они невозможно
Мучительно красивы
Однажды сидел в кафе
Аэропорта Домодедово
Пил какой-то алкоголь
И смотрел на перрон
И вдруг из-за угла посадочной галереи
Вырулил самолет
А340
Он был настолько прекрасен
Своим размахом крыльев
Своей этой всей красотой
Что даже алкоголь
Выпал из рук
Это была чистая красота

По сравнению с которой
Даже не знаю, что еще сказать
Это было что-то такое
Появилась мысль
Что человечество
Не совсем обречено
Если может создавать
Такие невероятно прекрасные
Объекты
Когда видишь самолет
А340
Как-то начинаешь верить в человечество

Но мы отвлеклись

Может, как раз
И надо отвлекаться

К сожалению
Он упал
Самолет Ту-154
Предварительно
Разрушившись в воздухе
Хороший был самолет
Красивый
С тремя двигателями
И люди были хорошие
Да

Говорят нам
Сказано нам
Возлюбите врагов своих
Как же это трудно
Возлюбить врагов своих

Господи, Господи
Сначала было много слов
Чтобы сказать Тебе
Попросить Тебя о чем-то
А потом слова эти прекратились
Как-то глупо это
Говорить Тебе

Ну как же так
Ну почему же
А вот так
Трудно нам с этим примириться
Но надо

Самолет взлетает
Летит, набирает высоту
Тысяча, две тысячи
Три тысячи
И пять тысяч метров
И счастливо летит

И пусть он счастливо летит

Говорят нам
Сказано нам
Возлюбите врагов своих
Как же это трудно
Возлюбить врагов своих

Украина

Мне так нравилось
Там бывать
Это такая
Хорошая земля
Харьков, Днепропетровск
Киев, Донецк
Полтава, Львов
Хорошие места
Хорошо там
Помню поездку
На электричке
Скоростной и как бы
Комфортабельной
Миргород — Полтава
На самом деле
Это была самая обычная
Электричка
Она неслась среди полей
Поля частично горели
Это было весной
Март 2009-го
Поля горели
Грустные поля
Электричка проносилась
Среди грустных бескрайних полей
Среди степей
Было очень хорошо

Или вот еще воспоминание
После литературного вечера
В Днепродзержинске
Родине
Леонида Ильича Брежнева
На вечере присутствовало
Человек десять
После вечера
Пошли вместе
С организаторами вечера
Гулять по Днепродзержинску
Какая же это была

Прекрасная прогулка
Католический костел
Железнодорожный ремонтный
Завод
Дома какие-то
Все осмотренные нами
Сооружения
Были погружены
В какую-то грусть
В какую-то печаль
Эта печаль
Была разлита
По всему городу
И странно контрастировала
С украинской витальностью
Которая тоже
Была разлита
Повсюду
В каждом украинском городе
Везде там одно и то же
Витальность как фон
И какая-то странная печаль
Даже траурность
И в Ростове-на-Дону так же
Витальность и печаль
И траурность
И в Донецке было
То же самое
Когда приезжал туда
На матч полуфинала
Чемпионата Европы
Испания — Португалия
Испания, к счастью, выиграла
Вернее, сыграла вничью, 0:0
И потом выиграла по пенальти
Не просто так, конечно
Приезжал
По работе надо было
Такая была тогда работа
Такие были странные
Хорошие времена

Это странное сочетание
Витальности, даже большей
Чем хотелось бы
И грусти
И тихой печали
И даже какой-то траурности
Всегда для меня
Будет фирменным знаком
Этой земли, Украины
На которой
Всегда было приятно бывать
Бывал там уже много раз
Города уже перечислены выше
И теперь уже неизвестно
Когда там придется побывать

Даже если будет
Такая возможность
Не факт, что надо будет
Ею воспользоваться
Не факт, что надо ехать туда
Где тебя считают врагом
Вернее, не то, что не факт
А факт: не надо туда ехать
И это значит
Что довольно долго
Не придется бывать
В Киеве с его видом
На Днепр и за Днепр
В Харькове с его
Величественным зданием
Госпрома
Во Львове
С его красивыми
Польско-австрийскими домиками
В Полтаве
С ее идеальным
Украинским языком
В Днепропетровске
Который почему-то полюбил
Прямо вот всем сердцем
Хотя, казалось бы, за что

В Донецке
С его стадионом
Донбасс-арена

Долго придется это все
Не видеть
Или, может быть
Совсем больше не придется
Ну и ладно
Видел уже

Электричка несется вечером
Среди бескрайних полей
Среди степи
Которую поджигают люди
И она горит, горит
Электричка набирает ход
Она несется
Со страшной скоростью
Мимо проносятся
Хатки, домики
Горящая степь
Крошечные поселки
И городки
Я читаю
Очень хорошую
Книгу Евгения Чижова
И время от времени
Смотрю в окно
И в какой-то момент
Мне становится
Так хорошо и грустно
Как не было больше
Никогда

Рай

Мы не очень понимаем
Что такое рай
Не очень знаем
Что такое рай
Вернее, вообще
Ничего не знаем
Об этом

Нам сказано
Кто возлюбил Бога
Будет пребывать с Ним
В раю
Вечное пребывание
С Богом
В вечном блаженстве

Но мы-то не возлюбили Бога
Я-то не возлюбил
Есть мнение
Что те, кто не соединились с Богом
Соединятся с тем
Что было им мило
Радостно и желанно
В их жизни

Дело в том
Что возлюбить Бога
Дано очень немногим
И мне, например
Это не очень-то дано
Ну так, какие-то намеки
Не более того

Да, какие-то намеки
Были
Не следует этого отрицать
Ну ладно

И тогда, по идее
В вечной жизни

Надо будет соединиться с тем
Что нравится
Что мило
Что любимо
В этой земной
Так называемой
Жизни

И соединиться с этим
Навечно
Навсегда
На всю вечную жизнь

Допустим, человек
Любил рыбалку
Любил ловить рыбу
И все, что связано
С ловлей рыбы
И вот ему будет дано
Все, что нужно
Для ловли рыбы
И будет он ловить
Эту свою рыбу
Все время
В смысле — вообще все Время
Всегда, не будет конца
Этой ловле рыбы

Или человек
Посвятил свою жизнь
Проблеме тайм-менеджмента
Создал множество курсов
По этому самому
Тайм-менеджменту
Душа его
Привязалась
К этой теме
И будет он бесконечно
Преподавать
Давать консультации
По тайм-менеджменту
Это ведь так клево

Так интересно
Правда, это будут консультации
По тайм-менеджменту
В ситуации полного
Отсутствия времени
Это создаст
Некоторые затруднения
Ну а с другой стороны
Не так уж
Это все и плохо
Можно будет создать
Искусственное время
Наверное
Или нет

Мы не очень понимаем
Все эти затруднения
Если быть
Туповатым, солнечным
Калифорнийским оптимистом
Можно предположить
Что в этой новой реальности
Можно будет воссоздать себе
Какую-то любимую реальность
Например, продолжить
Боление за команду
По американскому футболу
San Francisco 49'ers

Или человек
Житель Сыктывкара
Коми по национальности
Искусственно создаст себе
Возможность болеть
Бесконечно, вечно болеть
За команду по хоккею с мячом
Строитель Сыктывкар

Кто знает, кто знает

Страшно все это, страшно
Как будто несешься куда-то

К обрыву какому-то
Туда, куда нужно будет упасть
Но несешься медленно
Даже незаметно
Но все равно — несешься
Несмотря на медленность

Страшно вечно болеть
За San Francisco 49'ers
И за Строитель Сыктывкар
Страшно вечно бывать
В родных, любимых местах
Бродить по ним
Собирать колоски
Любоваться родными видами
Страшно, очень страшно
Вечно заниматься чем-то интересным
Тем, чем всегда хотелось заниматься
Страшно вечно бродить
По любимой Москве
Очень страшно
Вечно ходить
На матчи нашего вечного Динамо

Страшно вот это все
Страшно, если любимое
Станет вечным

И что с этим делать
Совершенно непонятно
Нет видимого выхода

Нет тут никакого выхода
Сейчас немного проявим активность
Поактивничаем немного
Сыграем или поболеем
За San Francisco 49'ers
За Строитель Сыктывкар
За Динамо наше убогое
И за другие команды
И спокойно умрем

Главное, чтобы не было
Этой самой вечности
Чтобы что-то изменилось
В нашей печальной участи
Чтобы что-то изменилось
Открылась какая-то дверь
Или дверца

И чтобы мы <...>.

Америка

Боже, храни Америку
God Bless America
Так, кажется, говорят
И я, наверное, так могу сказать

Помню это ощущение
Когда прилетел в Америку
В первый раз
В составе делегации
Российских писателей
Летели из Москвы
В два приема
Москва — Франкфурт-на-Майне
И Франкфурт-на-Майне — Чикаго
В Чикаго нас завели
В какое-то помещение
Унылое, советского типа
Мы долго сидели
Потом нас стали вызывать
По одному
И выдавать нам паспорта
С печатями
Означающими
Что мы можем
Пребывать в Америке

Еще тогда, в этом помещении
В этом уродливом, советского типа
Помещении
Вдруг ощутил
Что нахожусь
Не просто в уродливом помещении
А внутри гигантского
Большого, величественного
Проекта
Проекта «Соединенные Штаты Америки»
Как-то сразу почувствовал
Это было очень четкое ощущение
Которое потом
По мере пребывания в Америке

И исследования ее
Только усилилось

Мы потом полетели
На маленьком самолете
Таком, что даже не было
Двери между пассажирским салоном
И кабиной пилота
Полетели мы
На таком самолете
Из Чикаго в Мемфис
Видел Чикаго
Только в иллюминатор
Скопление небоскребов
У великого озера
Синего озера
Вот и все впечатления
От Чикаго
Великого города

Потом приземлились
В Мемфисе
Потом еще ехали
Километров 200
Или 300
До Оксфорда
Штат Миссисипи
Маленький университетский город
Разместили меня в семье
В обычной американской семье
Он — бывший офицер-морпех
Низенький, но боевой
Чувак
Сейчас на пенсии
Занимается с местными скаутами
Ходит с ними в походы
И так далее
Она — тоже пенсионер
Но преподает в университете
Преподает writing
При попытке выяснить
Какой именно райтинг

Она преподает
Какого типа
Криэйтив, там, или бизнес
Или какой-то там еще
Выяснилось
Что она преподает
Райтинг вообще
Просто райтинг
Вообще, как писать
Как писать, и не попадать
Впросак
В принципе, это очень
Правильный принцип

Эти люди
Были очень добры ко мне
Наша коммуникация
Была затруднена
Моим плохим
Знанием английского
И их полным незнанием
Русского
Но мы все равно
Как-то объяснялись
Сейчас уже вряд ли
Нужно вспоминать
Какими уродливыми фразами
Мы обменивались
За завтраками и ужинами
Помню только
Как в первую же ночь
Когда приехал
После этого дикого
Перелета-переезда
Лег в кровать
И обнаружил рядом
На тумбочке
Несколько бутылочек воды
И корзинку
С этими их американскими
Печеньями
Разными, вкусными

Это все мелочь, конечно
Мелочь, пустяки
А приятно
Понимаю, не надо придавать
Этому значение
А все-таки
А вот так

Мне было с ними
Не очень легко
Говорить, не зная толком
Их языка
Было мучительно
Но они мне
Все время подсказывали
Хотя и не понимали меня
В основном
Хорошие такие ребята
Простые белые американцы
Очень полюбил их

Потом, на четвертый день
Мы все, вся наша делегация
Переехали в гостиницу
И я испытал
Большое облегчение
Что не надо будет
Говорить на непонятно каком
Языке
Непонятно о чем
Распорядительница отеля
Улыбчивая негритянка
В первый же вечер
Выставила нам
Несколько бутылок алкоголя
Сказала — это от нашего заведения
И мы были рады

Но я все равно помню
Эту мою американскую семью
Бывшего морпеха
Тихого, низенького

Но слегка угрожающего
Паренька
В майке с надписью
Американской
Епископальной церкви
И университетскую преподавательницу
Такую подчеркнуто радушную
Это очень хорошие люди

А потом мы поехали в Нью-Йорк
И это был вообще удар
Это было оглушающее впечатление
Ничто не сравнится с Нью-Йорком
Но об этом надо будет написать
Как-нибудь потом
Как-нибудь в другой раз

И что я, собственно, хочу сказать
Что Америка — прекрасна
Америку я люблю
Да, она — наш геополитический
Противник
Так получилось
Ну а что делать
Попробуйте приехать в Америку
В ее Соединенные Штаты
Просто постойте
В аэропорту
В который вы прилетите
Или посидите
И, если вы не совсем
Тупой деревянный чурбан
Вы ощутите величие
Этой страны
Этого великого проекта
А что вы будете делать
С этим величием
С этим ощущением величия
Зависит только от вас

Отказ

Ваши условия неприемлемы
Сказал человек
Ваше предложение почти неприлично
Сказал человек
То, что вы говорили мне
То, как вы это говорили мне
Демонстрирует неуважение
Сказал человек
Я не могу это принять
Не могу с этим согласиться
Сказал человек
Это, извините, невозможно
Сказал человек
Поймите меня правильно
Сказал человек
Ничего личного
Сказал человек
Но мой ответ — нет
Сказал человек

Хорошо
Сказали люди
Как скажете
Сказали люди
Все понятно
Сказали люди
Мы вас услышали
Сказали люди

Я пойду
Сказал человек
До свидания
Сказали люди
До свидания
Сказал человек

Человек вышел за дверь
Прошел по длинному коридору
Вышел на улицу

Дождь, слякоть, мокрая земля
Коричневая дорога уходит вдаль
Сырая грязная пустота
Серое небо, и дождь, и грязь
Ни автомобильной стоянки
Ни автобусной остановки
Ни станции метро, хотя бы вдалеке
Ни железнодорожной платформы
Ничего
Только дождь, слякоть и мокрая земля

Человек стоит
И даже не озирается
В поисках автомобильной стоянки
Или автобусной остановки
Нечего озираться
Озираться не нужно
Нету здесь ничего

И все усиливающийся дождь
Поливает его
Своей бесконечной водой.

День

Немного странная штука — день
Немного странно
Что наша жизнь
Делится на дни
В нашей простой жизни
Мы этого не замечаем
Но вдруг прочитаешь такое
Принял смерть на костре
28 мая
Или
Расстрелян 16 апреля
Или
Четвертован 31 марта
Почему-то
Самое сильное впечатление
Производят
Такие смертельные события
Произошедшие весной
Или летом
28 мая, все цветет
И благоухает
Поют птицы
Светит ясное Солнце
И так далее
А человека в этот ясный день
Сжигают на костре
16 апреля
Распускаются почки
Зеленеет трава
Все только начинается
В так называемой природе
А человека ведут
Ведут, ведут
Он идет, идет
Видит эту расцветающую природу
Чувствует запах весны
Прекрасный этот запах
Видит голубое весеннее небо
Щурится на весеннее Солнце
И его ведут, ведут

И приводят к стенке
Завязывают глаза
Или не завязывают
Ставят лицом к стенке
Или лицом к стреляющим
По-разному бывает

Говорят, маршал Антонеску
Сам командовал
Собственным расстрелом
И когда тупые
Малопригодные к несению
Воинской службы
Румынские солдаты
Призванные из тупых, диких
Румынских деревень
Солдаты, которые боялись стрелять
В большого, важного маршала
Промахнулись
И не убили, а только ранили
Маршала Антонеску
Он, раненный
Сказал им
Эй, вы, ну соберитесь
Вы же солдаты
Давайте, смелее
Цельтесь нормально
Ну чему-то ведь вас учили
Вот, цельтесь в эту область
И показал на себе
И тупые румынские солдаты
Собрались, посопели
Сморкнулись в кулак
И расстреляли успешно
Маршала Антонеску

Кстати, его убили
1 июня
В первый день лета
Тот еще был
Политический деятель
Много всего плохого сделал

Трудно сказать что-нибудь
О психическом состоянии
Этих румынских солдат
Которые убили
Маршала Антонеску
Кто-то, наверное, хихикал
Кто-то пошел и спокойно напился
Кто-то стоял тупо, и думал
Вот, убили мы его
Вот, я его тоже убил
А кто-то закрыл свое тупое лицо
Своими грубыми руками
И содрогался в рыданиях
Не потому, что маршала жалко
А потому, что проклятая совесть
Мучительная, страшная совесть
Вдруг начала мучать
Тупого румынского паренька
И будет теперь его мучать
До конца, до последнего дня

Да, до последнего дня

И этот румынский паренек
При Чаушеску
Или уже после Славной Революции
Будет лежать в постели
И встретит Свой День
Например, 25 мая
Или 24 апреля
Все будет цвести
Солнце будет светить так
Что аж огого
И паренек почувствует
Приближение смерти
И умрет
И на его могиле напишут
Дни рождения и смерти

Это ужасно

И неважно, весна это
Или лето

Хармс умер
2 февраля
И хотелось бы сказать
Будь проклят этот день
Но нет, зачем проклинать
Этот день
Кто-то в этот день родился
Кто-то в этот день женился
И вышел замуж
Кто-то в этот день
Получил хорошее назначение
С хорошим жалованием
И масса людей
Была в этот день счастлива

Приближается этот день
Когда будет весна
Или лето, или зима
Или осень
День, который будет отмечен
Какой-то датой
И в этот день
Кто-то родится
Кто-то женится
Кто счастливо выйдет замуж
Кто-то станет чемпионом
Краснодарского края
По футболу
Кто-то защитит диссертацию
О развитии
Деревообрабатывающей промышленности
Валахии и Трансильвании
Во второй половине
XIX века
Кто-то станет
Начальником отдела
Потребительского кредитования
Крупного банка
Кто-то будет
Просто трястись в поезде
Москва — Барнаул
Например

И в этот день
31 марта
28 апреля
16 мая
12 июня
Или это будет
Какой-то другой день
Надо будет сказать себе
Что это последний день
Что все, дальше дней не будет
Это последний день

И спокойно закрыть глаза.

Невидимый футбол

Этот футбол никто не видит
Этот футбол никто никогда не увидит
Футбол чемпионата области
Футбол чемпионата района

Никто не увидит
Это кочковатое поле
Эти трибуны
На сто, или триста
Или четыреста зрителей
Эти команды
В одинаковых майках
Но в разных трусах
Майки у всех белые
А трусы у всех синие
А у одного красные
И еще у одного зеленые
Не хватает на всех
Одинаковых трусов
А кто-то и вовсе
Играет в майке без номера

Никто не увидит
Медленного прохода по флангу
Никто не увидит
Как игрок перед навесом в штрафную
Скользит и падает
Спотыкается о кочку и падает
И другие игроки говорят:
Ну <...> твою мать
Говорят тихо и спокойно
Без злобы

Никто не увидит
Как судит игру
Судья, один-одинешенек
В трениках Абибас
Стоящий в центральном круге
И отмеривающий офсайды
На глазок

Никто не увидит
Этот настоящий футбол
У японского писателя
Кэндзабуро Оэ
Есть книга
Футбол 1860 года
Вот, это и есть
Футбол 1860 года
Когда еще не было
Кубка Англии
Профессиональных лиг
И чемпионатов мира

Никто не увидит этого всего
Но можно и увидеть
Можно прийти и увидеть
Как игрок проходит по флангу
Неловко навешивает в штрафную
И другой игрок
Неловко выпрыгивает
И неловкой своей головой
Все-таки забивает гол

Отсутствие страха вратаря перед одиннадцатиметровым

Представим себе
Повествование
О вратаре
Который никогда
Не пропускал пенальти
Вообще никогда
Эта сверхспособность
Обнаружилась еще в детстве
В футбольной школе
Играл так себе
Нормально
И отражал все пенальти
Еще ребенком
Еще школьником
Еще подростком
Не могли ему забить
С пенальти
Всегда отбивал
А в игре был
Так себе
Средненький вратарь
Допускал много ошибок
Пропускал много
Необязательных голов
Но пенальти —
Нет, не пропускал
Никогда

Сам не знал, почему
Перед ударом
Чувствовал какую-то сонливость
Равнодушие, безразличие
И просто кулем валился
В тот или иной угол
И всегда туда же
Летел мяч
А иногда наваливалась
Совсем сильная сонливость
И смотрел вниз
В зеленую траву

И если бы на руках не было
Вратарских перчаток
То ковырял бы пальцем
В носу
И он в таких случаях
Оставался на месте
Никуда не валился
Как куль
А оставался стоять
В таких случаях пенальтисты
Били строго по центру
В надежде, что он
Завалится в тот или иной угол
А он не валился
А стоял
И мяч попадал в него

И так было всегда

Его взяли
В академию большого клуба
Типа Динамо, ЦСКА
Страшно сказать, Спартака
Или Зенита
Или Локомотива
Потом взяли в основу
Соответствующего клуба
Его пытались выпускать
Просто в состав
Просто вратарем
Но он как-то не выручал
Допускал много ошибок
И много пропускал
Но никогда не пропускал
Пенальти

И тогда
Его стали просто держать
На скамейке
На тот случай
Если в самом конце игры
Назначат пенальти

И этот пенальти
Может решить
Судьбу матча
Наш вратарь выходил
Тихо, смиренно выходил
И отбивал пенальти
И его команда выигрывала
Или играла вничью
А если была кубковая игра
И дело шло к серии пенальти
То он становился
Просто королем
Его выпускали в самом конце
И в серии пенальти
Он брал первые три
Или четыре удара
И команда побеждала
И он становился героем матча
И все поздравляли его
Но как-то так, стеснительно
Потому что все, и он сам
Понимали
Что он посредственный
Слабый вратарь
И что просто ему
Необъяснимым образом
Дан такой вот дар
Отбивать все пенальти
А так-то он вообще никто
Среди всех этих талантов
И даже гениев
Которые обнимали его
И хлопали по спине
По плечу

Потом его пригласили в сборную
Там он тоже уныло
Сидел на скамейке
Иногда выпускали
Когда надо было отбить
Одиннадцатиметровый

И он всегда отбивал
Осечки не было
Статистики считали
Сколько он уже отбил
Пенальти подряд
В какой-то момент
Набралось уже пятьдесят

Клуб выиграл
Национальный Кубок
И в еврокубках
Пару раз
Были победные серии пенальти
Росла популярность, слава

Сборная попала
На чемпионат мира
Преодолела групповой этап
И в стадии плей-офф
Начался его триумф
В одной восьмой финала
Дошло до серии пенальти
Нашего героя выпустили
На 117 минуте
Он отбил четыре удара
Пятый не потребовался
И в четвертьфинале
Было так же
И в полуфинале
Тоже он вышел в самом конце
И отразил четыре удара
И команда вышла
В самый что ни на есть
Финал
Финал чемпионата мира

В финале была упорная борьба
0:0, дополнительное время
Унылая возня на поле
Никто не хочет рисковать
На 119 минуте выпускают
Нашего вратаря

И начинается
Серия пенальти

И тут есть два варианта
Развития сюжета
В первом варианте
Наш вратарь
По привычке
Отражает все пенальти
Когда он отбивает
Последний удар
Он ничего не чувствует
Не демонстрирует никаких эмоций
Просто берет в руки мяч
И, склонив голову
Идет вдоль линии ворот
Примерно как
На надгробном памятнике
Великому вратарю
Льву Яшину
Сокрушенный победитель —
Вот какой он имеет образ
И на него налетают
Игроки и тренеры
Его команды
Валят его на зеленую траву
И тут начинается празднование

Или другой вариант сюжета
Начинается серия пенальти
И наш вратарь
Начинает пропускать
Пенальти, один за другим
Впервые в своей жизни
Он так же, как всегда
Испытывал сонливость
И валился случайно
Как куль
В тот или иной угол
А мячи летели в другие углы
Или по центру
А когда пришлось отражать

Решающий, пятый удар
Напала дикая, небывалая
Сонливость
И захотелось поковырять в носу
И смотрел в зеленую траву
Не стал никуда падать
Остался стоять
И мяч весело залетел
В один из углов
В правый или в левый

И все, сборная проиграла
Получила серебряные медали
И на этом закончилась карьера
Нашего героя-вратаря

И в том случае
Если бы он стал чемпионом мира
И получил, как и все игроки сборной
Золотую медаль
С сонным, безразличным
Выражением лица
Его карьера тоже бы закончилась
33 года
Перспектив нет
Никому такое чудо не нужно

В первом случае он бы спился
От осознания того
Что он ничего не достиг
В своей карьере
Просто обладал странным
Мистическим умением
Отражать пенальти
На него навалилось бы
Осознание
Что он посредственность
И что он вообще никто
И он отклонил бы
Несколько предложений
Из английского чемпионшипа
Из испанской сегунды

И из итальянской серии В
Поиграл бы еще немного
Вернее, посидел бы на скамейке
В своем клубе
Пил бы все сильнее
Каждый день
Приходил бы пьяным
На тренировку
И его ради смеха
Допускали бы до тренировки
Он бы еле-еле бегал
А потом игроки
Били бы ему по очереди
Пенальти
И он бы по-прежнему
Никогда бы не пропускал
Он бы переживал
Что он не настоящий вратарь
А просто фокусник
Обладатель чуда
И будут его помнить
Как странного чудака
Который умел вот так
Но который, конечно
Никогда не сравнится
С великими Яшиным
Зеппом Майером
Рикардо Саморой
И даже Петером Шмейхелем

Во втором случае
Он бы тоже спился
Быстро и неотвратимо
Всеми проклятый, забытый
Как это бывает в спорте
Отчисленный из сборной
И клуба
Были бы заголовки типа
«Обосравшаяся надежда нации»
Или «Мы рассчитывали на полное говно»
Нет, конечно, таких заголовков
Не было бы

Были бы еще хуже
И остаются только бары
Сначала приличные
А потом уже и не очень

И наш герой
Наш чудо-вратарь
В первом случае
Говорит бармену:
Смотри, золотая медаль
Чемпиона мира
На, возьми
Налей еще вискаря
И бармен отшатнется
Скажет, забери
И вообще
Тебе уже хватит
Давай домой

А в другом случае
Он скажет
Я играл в финале
В каком финале, спросит бармен
В финале чемпионата мира
По футболу
Да ладно, рассказывай
И нальет ему
Еще вискаря

И как-то все это закончится

Тусклый весенний день
Пустой стадион
Кочковатое поле
Команда закончила тренироваться
Остались вратарь
Полевой игрок
Наверное, нападающий
Или полузащитник
Пенальтист
Несколько мячей
Пенальтист бьет

Раз за разом
А флегматичный
Неуклюжий вратарь
Вяло заваливается
То в один угол
То в другой
И неизменно
Раз за разом
Отбивает пенальти.

.

W, или Памяти Жоржа Перека

Мне давно нравился
Жорж Перек
Давно его любил
И чтил разные
Его произведения
Например, «Вещи»
«Попытки пристального наблюдения
Одного парижского уголка»
И другие его тексты
И тут вдруг
Мой французский друг
Бертран
Прислал мне книгу
Жоржа Перека
В переводе на русский
Называется она так
«W, или Воспоминание детства»
Детство Перека
Пришлось на Вторую Мировую Войну
Оккупацию
Всё вот это
И половина книги посвящена этому
А другая половина книги
Самая великая, захватывающая
И интересная
Была посвящена вымыслу

Юный Перек придумал страну
Остров рядом с Огненной Землей
Пустынный остров
Заселенный однажды
Выходцами из Европы
В самом конце XIX века
Или в самом начале XX-го

Это были не просто выходцы из Европы
Это были спортсмены
И они основали
На этой труднодоступной земле

Республику спортсменов
Олимпийскую республику

Трудно сказать
Что творилось
В голове у Перека
Для человека
Ребенком пережившего войну
Наверное, это ничего
Хотя, конечно <...>
В общем, мы не будем сравнивать
Ужасы войны
У всех они свои

Интересно, что Перек
Создал в своих детских записях
Причудливый спортивный мир
Мир населения острова
Состоящего только из спортсменов
Под олимпийскими лозунгами
Citius, Altius, Fortius
Быстрее, выше, сильнее
Только в обратном порядке
Fortius, Altius, Citius
Если вдуматься, есть что-то страшное
В этом лозунге
Особенно, когда начинаешь читать
Текст Жоржа Перека

Перек создал удивительную реальность
Связанную со спортом
Мы привыкли, что спорт
Это что-то такое хорошее
Позитивное
Мы верим твердо
В героев спорта
И так далее
Но все сложнее

Перек создал
В своем юношеском воображении

Такое страшное проявление спорта
Что страшно представить

Победители, осыпаемые славой
Почестями и привилегиями
Но на следующий день
Они могут стать проигравшими
И они, вчерашние победители
Могут на следующий день
Висеть повешенными
На крюке
И, наоборот, закоренелый неудачник
Может быть вдруг вознесен
К самым вершинам
Освобожден от всех повинностей
От всех унижений, побоев
Да, в этом мире
Есть унижения, побои
Казни, пытки, всё вот это
И вознесен к вершинам успеха
И потом опять низвержен
В долины воя и ужаса

Ни один писатель, кажется
Не связывал вот эти жизненные качели
Со спортом
Только Перек допёр до этого
Придумал вот такое
Я не буду сейчас подробно описывать
Придуманный им
Причудливый и жутчайший
Спортивный мир
Мир этих вот спортсменов, атлетов
Спортивных функционеров
И руководителей спорта
Просто скажу
Я читал эту небольшую книжечку
Желтую книжечку
Выпущенную в 2002 году
На русском языке
И думаю, что никогда не читал
И вряд ли прочитаю

Более жестокую
Более ужасную книгу
О спорте и о человечестве

Все это вымысел, конечно
Ничего такого не было
Не было этих людей
В серых спортивных костюмах
С большой белой буквой W
На спине
Не было этих вычурных почестей
Для победителей
И страшных наказаний
Для проигравших
Не было этой дикой
Шизофренической, страшной
Системы ежедневных соревнований
Между четырьмя деревнями
В которых жили
Спортсмены острова W
Ничего не было
Успокойтесь
И спортсмены могут спокойно
Заниматься себе своим спортом
И болельщики могут спокойно
Наблюдать за этим процессом

Просто теперь каждый раз
Когда я включаю телеканал
Матч ТВ
Или Наш Футбол
Или Евроспорт
Я вспоминаю этого странного человека
В странной бороде без усов
С торчащими во все стороны
Волосами
И с диковатой улыбкой
(Так он выглядит на фотографии)
Сына еврейских эмигрантов
Приехавших из Польши во Францию
Накануне великой войны
Жоржа Перека

Человека, который написал о спорте
Вот такие странные, ужасные вещи

Как говорил Хармс в таких случаях
Стихотворение чрезмерно затянулось
И надо его уже заканчивать
Следует закончить это стихотворение
Сказать благодарственные слова
Человеку, который его инспирировал
И закончить

Жорж Перек
Покойся с миром
Великий французский писатель
(Здесь можно было бы
Произнести много слов
На русском и французском языках
Но не надо)
Спасибо, Жорж Перек
Как говорится, вечная память
Или еще можно сказать
Упокой, Господи
Покойся с миром
И наше стихотворение
На этом заканчивается.

Серое небо

Над нами все время висит
Серое небо
Пять месяцев
Над нами висит
Серое небо
Оно начинается
Примерно в ноябре
И висит над нами
До марта включительно
В другие месяцы
Оно тоже над нами висит
Но не так постоянно
То серое
А то голубое
Летом тоже бывает серое
Но это скорее исключение
А с ноября по март
Да, серое
Серое небо

Вот сейчас смотрю в окно
Серое, серое небо
Да еще и туман
Люберцы тают в серости
А Некрасовку
Почти не видно
Еле видно
Полигон твердых бытовых отходов
Такая коричнево-зелено-белая гора
И с трудом видно
Как строят метро
И как машины, автобусы
Едут по Косинскому шоссе

Хотелось бы
Чтобы над нами постоянно висело
Ясное, голубое небо
Вроде бы
Это было бы хорошо
Хочется ясности, Солнца

И голубого неба
Чтобы было хорошо, радостно
Чтобы было, извините за выражение
Хорошее настроение
Чтобы была радость
И позитивный настрой

Но нам даровано серое небо
Серое небо, вид на Некрасовку
И на Люберцы
Зачем-то Господь сделал так
Не просто так ведь
Он это сделал

Без этого серого неба
Не было бы у нас
Чего-то важного
Продуктивной тоски
Позитивного страдания
Текстов Анна Каренина
Преступление и наказание
Групп Гражданская оборона
Вежливый отказ, Химера
И Звуки Му
Это ведь только
Из серого неба
Самозарождается

Можно возразить
Что было бы
Что-то другое
Божественная комедия
Декамерон
Рикки э повери
Или еще что-то
Не менее великое
И светлое, как голубое небо

Ну да
Ну вот
Да
Как-то так

Серое небо
Продолжает нависать над нами
Давить на нас
И делать нас несчастными
Уже конец февраля
Скоро март
Еще немного потерпеть
И все наладится
Придет апрель, Пасха
И небо расчистится
Станет ясным, голубым
И мы будем радоваться
Освободимся
От этого давления
Но вряд ли мы будем
Счастливее, чем сейчас
Так, полегче будет
Промелькнет длинное лето
Длиною в пять месяцев
Промелькнет короткая осень
И придет бесконечная зима
И нависнет над нами
Серое небо
И придут к нам
Наши родные
Анны Каренины
И Преступления и наказания

Раз над нами
Пять месяцев нависает
Серое небо
И мы не можем
Ничего с ним поделать
Нам надо его полюбить
Как-то надо нам его полюбить
Другого выхода у нас нет
Если не можешь
Изменить что-то
Надо это что-то
Полюбить
Другого выхода у нас нет

В конце концов
Серый — самый красивый цвет
И в этой нашей серости
В нашей этой серенькости
Нет пошлой яркости
Нет насилия ярких цветов
Бросающихся в глаза
Серость не бросается в глаза
А спокойно напоминает нам
О том, что мы живем
Не в раю
А в каком-то другом месте
Живя в Италии
Или в Гаити
Можно расслабиться и подумать
Что все у тебя хорошо
Наша серость
Наше серое небо
Не оставляет места
Для таких иллюзий

Нет, у нас не все хорошо
Нет, мы живем не в раю
А, скорее, наоборот
Нет, нет, нет
У нас все плохо

Жить с этим тяжело
А для души — хорошо
Ну и будем жить с этим
Хэй, хэй
Ну и будем жить
Под этим серым небом
Хэй, хэй
С видом на Люберцы
Хэй, хэй
И Котельники
Хэй, хэй
Собственно
Что нам еще остается

Наступило утро
И снова, и снова
Серое небо, туман
Здравствуй, серое небо
Здравствуй, серый туман
И спасибо тебе, серое небо.

Химера

Командир дал приказ
Вести огонь
800 аккордов в час
Командир дал приказ
Вести огонь
800 аккордов в час
Командир дал приказ
Играть
Играть тотальный джаз
Тотальный джаз

Так пел
Эдуард Старков
Парень из Выборга
Приехал в Питер
Стал играть что-то, петь
Создал группу «Химера»

Играл в клубе «Там-там»
Даже жил в этом клубе
Писал и записывал
Свои песни
Ездил в Европу
Без большого успеха
Хотя и с успехом
Но не с таким
С каким можно было бы <...>

Несколько его песен
Вросли в голову
Я льды
Капитан Немо
Сиду Вишесу
И еще некоторые другие
А сегодня вдруг
Стал искать ВКонтакте
Другие его песни
И обнаружил песню
Тотальный джаз

Раньше не слышал
Теперь вот услышал

Хорошая песня

Ну, как бы это сказать
Такая
Которую хочется слушать
Сто или двести раз
Подряд

Эдуард Старков
Плохо кончил
Впал в зависимость
От некоторых веществ
Вернее, вещества
Проклятое это вещество
Ну ладно, не будем о нем
Впал в зависимость
Ну и общая безнадежность
Ну и дикое безденежье
Депрессия, все вот это
А потом покончил
С жизнью своего
Физического тела
Как говорят в таких случаях
Повесился
Повесил свое
Физическое тело

Нашли только на десятый день
Дело было весной
Уже было тепло
И даже страшно представить
Что там они нашли

Ну и в общем-то всё
Что тут еще сказать
Напрашиваются
Какие-то идиотские фразы
Что вот, мол, он
Так трагически погиб

Но оставил после себя
И так далее

Или, что, вот, мол
Жаль, что так вот погиб
А мог бы жить еще
И жить
И, так сказать, творить
27 лет всего

Какая глупость
Какая дикая глупость
Сказать тут совершенно нечего
И мы замираем
В туповатом, неловком
Молчании

Лети, Эдуард Старков
Лети, куда ты там
Хотел лететь
Над чем ты хотел лететь
Над своими северными озерами
Над ледниками
Над дикой этой нашей
Землей
Над своими этими
ЗУ-2
Над Выборгом
Над Карельской землей
Над заливами и островами
Над морями
Над океанами
Над вообще всем

А мы за тебя помолимся
Как умеем
И послушаем
Еще раз
Я льды
Капитан Немо
Сиду Вишесу

И, конечно
Тотальный джаз

Да, мы просто послушаем
А что там будет с тобой
Этого мы не знаем

Командир дал приказ
Вести огонь
800 аккордов в час
Командир дал приказ
Вести огонь
800 аккордов в час
Командир дал приказ
Играть
Играть тотальный джаз
Тотальный джаз

Ной среди чужих

Лодку большую прадед наш
Решил построить для внуков
Строил всю жизнь
Так пел Александр Градский
В одном советском фильме
И там дальше разные предки
Достраивали эту лодку
Хотя, казалось бы
Что это такое — лодка
Вполне мог бы ее
Сам прадед достроить
Или по крайней мере дед
Но не достроили
Отец или кто-то еще
Подумал, что надо сделать
Корабль, большой корабль
Строил что-то, строил
Большое сооружение получилось
Большое и бессмысленное
Потом сын и сын сына
Еще работали
И внук сына, и кто там еще
Потянулась череда потомков
Внуки, те, для которых
Свою дебильную лодку
Решил построить
Изначальный дед
Давно умерли
Проект изменился
Внук внука внука
Изначального деда
Решил построить авианосец
Большой авианесущий крейсер
Снес все постройки, надстройки
Которые построил
Когда-то бывший отец
Тот, кто решил
Сделать корабль, а не лодку
Внук внука внука
Оборудовал палубу

Для взлета и посадки
Смертоносных, красивых
Истребителей
Даже устроил такую веревку
За которую истребители
Должны были зацепляться
При посадке
Для быстрого торможения
А для взлета красивых, смертоносных
Истребителей
Сделал такой, знаете, трамплинообразный
Подъем на палубе
Как на настоящих авианосцах
Чтобы красивые, стремительные
Смертоносные истребители
Взмывали в воздух
И устремлялись
К своим далеким целям
Но вот беда
Как-то не оказалось в наличии
Красивых, смертоносных истребителей
Для этого корабля
Они летали где-то там, вдалеке
А судно стояло у берега
Потом другой прапраправнук
Решил упразднить авианосец
И сделать просто вместительное судно
Для перевозки больших грузов
Ну, там, контейнеров
Больших разных машин
И такое он сделал
Вместительное судно
Просто ужас
Огромное
Какое-то просто вот совсем большое
Но почему-то не находилось клиентов
Отправителей грузов
Владельцев контейнеров
Обладателей разных больших машин
И судно стояло у берега
Большое, деревянное
Огромное

И в борту у него была
Огромная дверь
И нашелся один прапрапрапрапраправнук
Который просто открыл эту дверь
И сказал заходите
Заходите, если хотите
А сам просто сидел
У этой огромной двери
И курил, и пил пиво
Заходите, говорил прапрапрапрапраправнук
Сидел, курил и пил пиво
Сначала никто не заходил
Люди крутили пальцами у виска
Но однажды зашел
Николай Степанович
Со своей сварливой Софьей Петровной
Потом зашел
Геннадий Петрович
Со своей смиренной Анной Семеновной
И Иван Иванович пришел
Со своей Иоанной Ивановной
Потихоньку приходили люди
Размещались, обживались
Пришел Зигфрид
С суровой своею Брунгильдою
Пришел Франсуа
С игривой своею Матильдою
Пришел Ханс
С обычной своею Ханною
Жоао пришел, волоча за руку
Упирающуюся Марию-Луизу
Собирались разные люди
Ласло с женой
Хуан-Мануэль с супругой
Ларс с девушкой Полли
И странный человек
По фамилии Сигурдссон
С очень странной девушкой
По имени Бьорк
На небе собирались тучи
Небо серело
Прапрапрапрапраправнук

65

Перестал пить пиво
Встал со своего стула
И начал кричать: заходите
Заходите, пожалуйста, люди
Все заходите
Заходите, пожалуйста
Но никто больше не заходил
Люди продолжали пить пиво
Вино, крепкие напитки
Виски, там, водку, коньяк
Махали бутылками
Крутили пальцами у виска
Ветер усиливался
Произошла молния
И состоялся гром
Вода полилась сверху вниз
Сначала отдельными каплями
Потом сплошным неостановимым потоком
Прапрапрапрапраправнук
Закрыл дверь
Вернее будет сказать, задраил
В общем, закрыл герметично
И все, больше никто не мог
Проникнуть на это странное судно
Дождь все усиливался
Вода все прибывала
И судно начало дрейфовать
В сторону Турецкой Республики
На территории которой в то время
Находилась гора Арарат.

СОДЕРЖАНИЕ

Девушка с черными волосами...5
Самолет...9
Украина..17
Рай..21
Америка..26
Отказ..31
День...33
Невидимый футбол...38
Отсутствие страха вратаря перед одиннадцатиметровым 40
W, или Памяти Жоржа Перека...49
Серое небо...54
Химера...59
Ной среди чужих..63

www.ingramcontent.com/pod-product-compliance
Lightning Source LLC
Chambersburg PA
CBHW071851020426
42331CB00007B/1953